ZUM GEBURTSTAG

viele gute Wünsche

Irmgard Erath

GROH

ZUM GEBURTSTAG

wünsche ich dir, dass du mit viel Zuversicht
in dein neues Lebensjahr gehst
und dich auf all das Schöne freust,
das es für dich bereithält.

Und dass du es verstehst,
jeden glücklichen Augenblick nicht nur zu genießen,
sondern auch im Herzen zu bewahren.

Alles Gute zum Geburtstag!

Geburtstage
zählt man nicht,
man feiert sie!
Lothar Lange

An deinem Festtag
soll sich alles nur um dich drehen:
alle schönen Gedanken, alle herzlichen Worte,
alle guten Wünsche, die ganze Welt …

einfach alles!

Dass du heute ab und zu richtig
sprachlos bist vor Freude,
vor Glück, vor Dankbarkeit,
das wünsche ich dir.

Geburtstagsgrüße

sind immer ein liebenswertes Zeichen dafür,
dass jemand an uns und unseren Festtag denkt.

Genieße es, dass dir so viele Menschen
gratulieren, dich mit lieben Wünschen
überraschen und dir damit sagen möchten:
Es ist schön, dass es dich gibt.

Freude lässt sich nur voll auskosten,
wenn sich ein anderer mitfreut.

Mark Twain

365 wunderbare Tage

Dein Geburtstag
kommt nicht mit leeren Händen.
Er hat ein besonderes Geschenk für
dich dabei: 365 neue Tage –
jeder einzelne zum Entdecken und Erleben,
zum Staunen und Genießen.

Dass du dich jeden Morgen mit
frohen Gedanken auf den Weg machst,
mit schönen Gedanken durch den Tag gehst
und mit dankbaren Gedanken
den Abend genießen kannst,
das ist mein Wunsch für dich.

Und wenn ein neuer Tag nicht
gerade vielversprechend für dich beginnt,

dann wünsche ich dir,

dass du dennoch ganz fest darauf vertraust,
dass immer irgendwo etwas Schönes
wartet und dass auch aus einem
ganz gewöhnlichen Tag ein
richtiger Glückstag werden kann.

Die beste Motivation im Leben
sind kleine Erfolgserlebnisse.
Sie machen Mut, verleihen Ausdauer,
eröffnen neue Horizonte ...

Ich wünsche dir, dass solche Erlebnisse
ganz viel Freude in dein Herz tragen.
Und dass aus ihnen vielleicht sogar eine
kleine Erfolgsgeschichte wird.

Erfolg kommt dann,
wenn du tust, was du liebst.
Albert Einstein

Innere Ruhe ist eine Kraft, die unser Leben
wie eine schöne Melodie durchdringt.

Elfriede Engel

Ich wünsche dir ein Vertrauen,
das so tief ist wie das Meer;
einen Glauben, der Berge versetzt;
und einen Geduldsfaden,
der bis ans Ende der Welt reicht.

Damit dich nichts und niemand
aus der Ruhe bringen kann, mag es auch
noch so drunter und drüber gehen.

GELASSENHEIT *und* MUT

Um sich selbst treu zu bleiben,
muss man manchmal
gegen den Strom schwimmen.

Das ist anstrengend,
aber es stärkt das Herz und macht dir Mut,
an dich und deine Träume zu glauben.
Ich wünsche dir ein starkes,
frohes und mutiges Herz.

Dein Weg –
er ist etwas ganz Besonderes.
So einzigartig wie du.
Niemand kann deine Spuren zu den seinen machen;
kein Mensch auf dieser Welt wird
die gleichen Erfahrungen sammeln
oder dieselben Ziele erreichen wie du.

Es ist und bleibt dein Weg.

Ich wünsche dir,
dass du manchmal so schöne Tage erlebst,
dass du gar nicht sagen kannst,
wer mehr strahlt:
die Sonne am Himmel,
die Menschen um dich herum
oder du selbst.

Glückliche Erinnerungen sind
das Poesiealbum des Herzens.

Kleine Freuden

und Glücksmomente schenken uns
die buntesten Erinnerungen.
Ich wünsche dir einen ganzen Korb voll davon,
so farbenfroh wie die Blumen im Sommer.
Und dass immer wieder neue dazukommen,
eine schöner als die andere ...

Vielleicht macht
ein Blick zum blauen Himmel,
zu den weißen Wolken dir Mut,
frischen Wind in dein Leben zu lassen,
zu Veränderungen **JA** zu sagen,
etwas ganz Neues zu wagen?
Dann folge einfach deinem Herzen.

Es kennt den Weg.

Nur wer sich auf
den Weg macht, wird
neues Land entdecken.

unbekannt

Herzliches MITEINANDER

Dass du ein nettes Wort findest,
ein wenig Zeit oder ein Lächeln
zu verschenken hast, wenn du spürst,
dass du damit Freude machen kannst,
das wünsche ich dir.

Und dass du dabei erfahren darfst:
Jemanden glücklich machen ist
der schönste Weg zum Glücklichsein.

Ich wünsche dir Menschen,
die ganz zu dir
und in dein Leben gehören.
Menschen,
die deine Erinnerungen teilen,
die mit dir das Heute genießen und
mit denen du gemeinsam
von der Zukunft träumen kannst.

Dass du dir im Alltagstrubel
immer wieder kleine Atempausen
gönnst, um zur Ruhe zu kommen,
und dir auch mal Zeit nimmst
nur für dich und für das,
was dir und deinem Herzen guttut,
das wünsche ich dir.

Es schenkt neue Kraft und
bringt frohe Farbtupfer in deinen Alltag.

Gesundheit und Humor
sind ein wunderbares Duo,
das uns vieles schenken kann:
Mut und Kraft,
Gelassenheit und gute Laune ...

Ich wünsche dir,
dass du gesund bleibst und dass es
dir hin und wieder gelingt, sogar
dem Ernst des Lebens ein Lächeln
zu entlocken.

Humor und Geduld ergeben eine unwiderstehliche Mischung.

Wilhelm Busch

Glückliche Augenblicke
machen das Glück des Lebens aus.

aus Spanien

Zeit für ein frohes und unbeschwertes
Beisammensein mit der Familie,
den Freunden, den Nachbarn – das ist Zeit
zum Leben, Reden, Zuhören, Lachen ...!

*Es gibt nichts,
was wirklich wichtiger wäre.*

Ich wünsche dir, dass du dafür
so manches einfach stehen
und liegen lassen und diese Momente
ganz entspannt genießen kannst.

TREUE *Wegbegleiter*

Für kurze Wegstrecken
genügt gute Gesellschaft.
Für lange Wegstrecken
braucht man einen guten Freund.

Dass du gerade dann einen
solchen Freund zur Seite hast,
wenn dir der Weg endlos scheint,
das ist mein Wunsch für dich.

Ich wünsche dir,

dass das Glück den Weg zu dir findet
wie die Sonne,
die durch dein Fenster scheint;
wie der Wind,
der dir durchs Haar streicht;
wie ein Freund, der sich an deine Seite gesellt –
– genau im richtigen Augenblick ...

Dass du den Menschen,
die dir nah sind, Stütze sein kannst,
dass aber auch du bei ihnen Halt findest;
dass du ihnen Freude machst,
und auch sie dich immer wieder
mit etwas Schönem überraschen,
das wünsche ich dir.

Und dass euer Zusammenleben
ein liebevolles Geben und Nehmen ist,
das dir Geborgenheit schenkt.

Wo du auch unterwegs sein magst:
Ich wünsche dir die schöne Gewissheit,
dass es Menschen gibt,
die in Gedanken bei dir sind,
die dich vermissen
und die sich darauf freuen,
dich schon bald wiederzusehen.

Das Reisen will uns eines lehren:
Das Schönste bleibt stets heimzukehren.

Sprichwort

Vertrauen ist die stillste Art von Mut.

Ab und zu fühlt sich das Leben an
wie eine Achterbahnfahrt:
Mal sind wir ganz oben, mal ganz unten ...

Mögest du dir deine innere Balance
immer bewahren, damit du auch nach
turbulenten Zeiten zur Ruhe und Gelassenheit
zurückfindest und vertrauensvoll wieder
nach vorne schauen kannst.

EIN *fröhliches* HERZ

Dass der Mond deine Nächte erhellt
und für dich die Sterne
am Himmel leuchten,
das wünsche ich dir.

Und dass du gerade dann mit
spontanen Aufmerksamkeiten überrascht wirst,
wenn du vielleicht
einen kleinen Lichtblick brauchst.

Ich wünsche dir

so viel Lebensfreude,

dass sie aus deinen Augen strahlt,
aus deinen Worten spricht,
sich in deinem Lächeln spiegelt …

Mögest du sie dir immer bewahren –
was auch geschieht.

In den kleinsten Dingen zeigt die Natur
die allergrößten Wunder.

Carl von Linné

Die Frische des Morgens,

der zarte Duft der Blumen,
die Süße reifer Früchte,
die Wärme der Sonnenstrahlen,
die Stille des Abends …

Ich wünsche dir,
dass du dich an den Geschenken
der Natur freust und sie
immer wieder genießt.

Ich wünsche dir

die schönsten Träume der Welt:

grenzenlos wie der blaue Himmel
und fröhlich wie der Sonnenschein;
lebhaft wie die weißen Wolken
im Sommerwind und so geheimnisvoll
wie die Sterne am Firmament ...

★

Die Zukunft gehört jenen, die an die Schönheit ihrer Träume glauben.
Eleanor Roosevelt

Mögen all deine kleinen
und großen Vorhaben dir gelingen,
deine Hoffnungen sich erfüllen
und viele schöne Erlebnisse
auf dich warten.

Möge die Freude in deinem Leben,
die Zuversicht an deiner Seite und
das Glück in deinem Herzen sein.

*Das alles wünsche ich dir für
dein neues Lebensjahr.*

Über die Autorin:
Irmgard Erath wurde in Sulz/Vorarlberg geboren, wo sie auch heute noch lebt. Zunächst galt ihr Interesse vor allem der italienischen Sprache und dem Zeichnen, bis sie zu ihrer ganz besonderen Begabung fand: dem Verfassen von Aphorismen und Prosatexten. Ihre erfolgreichen Bücher sind Ausdruck ihres liebevollen Einfühlungsvermögens und sprechen vielen Menschen aus dem Herzen.

Textnachweis: Wir danken allen Autoren bzw. deren Erben, die uns freundlicherweise die Erlaubnis zum Abdruck von Texten erteilt haben.

Bildnachweis: Cover: Ray Kachatorian/DigitalVision/Getty Images. Innenteil: Schmuckvignetten: Elena Medvedeva/Shutterstock.com. Fotos: S. 4: Anastasiia Chipysheva/Moment/Getty Images; S. 7: Tetra Images/Getty Images; S. 10: aydinmutlu/E+/Getty Images; S. 13: Sergey Mironov/Shutterstock.com; S. 14: the_burtons/Moment/Getty Images; S. 19: Toni Hoffmann/Moment/Getty Images; S. 21: Copyright by 8Creative.vn/Moment/Getty Images; S. 23: sharply_done/E+/Getty Images; S. 27: MundusImages/E+/Getty Images; S. 29: angelakatharina/Shutterstock.com; S. 30: Gustav Stening/Moment/Getty Images; S. 34: Rolf Schöne/EyeEm/Getty Images; S. 37: stock.adobe.com/Jason; S. 38: Constantinis/E+/Getty Images; S. 42: the_burtons/Moment/Getty Images; S. 45: Francesco Riccardo Iacomino/Moment/Getty Images; S. 46: Manuela Schewe-Behnisch/EyeEm/Getty Images.

Layout & Satz: Sabine Schröder

Gesamtherstellung: AZ Druck und Datentechnik GmbH, Kempten

Aus Verantwortung für die Umwelt hat sich die Verlagsgruppe Droemer Knaur
zu einer nachhaltigen Buchproduktion verpflichtet. Der bewusste Umgang mit unseren Ressourcen,
der Schutz unseres Klimas und der Natur gehören zu unseren obersten Unternehmenszielen.

Gemeinsam mit unseren Partnern und Lieferanten setzen wir uns für eine klimaneutrale Buchproduktion ein,
die den Erwerb von Klimazertifikaten zur Kompensation des CO_2-Ausstoßes einschließt.

Weitere Informationen finden Sie unter:
www.klimaneutralerverlag.de

Zum Geburtstag viele gute Wünsche
ISBN 978-3-8485-0104-5

www.groh.de

MIX
Papier aus verantwortungsvollen Quellen
FSC® C008457
FSC
www.fsc.org

1 2 3 4 5

GLÜCKWÜNSCHE ALLES GUTE

SPASS ÜBERRASCHUNGEN

BUNTE WÜNSCHE

Einen guten Tag

FREUDE SCHENKEN

Welch schöneren Anlass könnte es zum Feiern geben als den Tag, an dem Sie geboren sind? Schön, dass es Sie gibt, will Ihnen jemand sagen! Begegnungen wie diese machen uns reich und geben Kraft. Was liegt schon alles hinter Ihnen, was noch alles vor Ihnen? Bei Groh suchen wir zu diesem Anlass nach der passenden Botschaft. Denn da ist jemand, dem Sie wichtig sind und der an Sie denkt.

Ihr Groh Team